Mit herzlichen Segenswünschen

Astrid Meinbrok

Bebauen und bewahren

Gartengedanken aus der Bibel

Agentur des Rauhen Hauses Hamburg

Einen neuen Zugang zur Bibel mit allen Sinnen bieten die Bibelgärten – hier an der Alexanderkirche in Wildeshausen. Die Besucher können biblische Pflanzen betrachten und erleben – in ihrer Kargheit oder Schönheit, ihrer Stacheligkeit oder ihrem Duft.

Die Bibel ist voll von Bildern und Symbolen aus der Welt des Gartens. Blüte und Frucht, Wurzel und Wasser, Saat und Ernte, Baum und Rebe stehen im Mittelpunkt von Geschichten und Prophetenworten, Gleichnissen und Psalmen. Gärten sind auch Schauplatz entscheidender Geschehnisse – ganz am Anfang, im Garten Eden, ebenso wie am Ende im Garten Gethsemane und am Ort der Auferstehung.

Wer selbst einen Garten besitzt, kann die Motive von Werden und Wachsen, von Fülle und Dürre, Gedeihen und Vergehen ganz unmittelbar nachempfinden. Aber auch wenn Sie einfach mit offenen Augen zwischen Hausgärten oder im Park spazieren gehen, werden Sie vieles wiedererkennen. Lassen Sie sich die Augen öffnen für die Fülle des Lebens mit all seinen Höhen und Tiefen, wie es uns die Bibel in all ihren wunderbaren Gartenbildern ausmalt.

Der Garten Eden

Der erste Garten, das Paradies der Schöpfungsgeschichte, zeichnet sich vor allem dadurch aus, dass für alles gesorgt ist: Es gibt Wasser im Überfluss und „Bäume, verlockend anzusehen und gut zu essen“. Darüber hinaus ist der Mensch aber dazu bestimmt, dass er den Garten Eden „bebaut und bewahrt“ (1. Mose 2,15) – auch im Urzustand vor dem Sündenfall herrscht also nicht etwa „paradiesische“ Untätigkeit.
Ansonsten sind die Beschreibungen des Gartens Eden in der biblischen Schöpfungsgeschichte eigentlich äußerst sparsam. Die traditionellen, farbenfroh-üppigen Vorstellungen vom Paradies in Gestalt einer schlaraffenlandartigen Parkanlage sind fantastische Ausmalungen, entstanden über Jahrhunderte in der Kirchen- und Kunstgeschichte.

Und Gott der Herr pflanzte einen Garten in Eden gegen Osten hin und setzte den Menschen hinein, den er gemacht hatte.

1. Mose 2,8

Jan Bruegel d. Ä., „Das Paradies", ca. 1620. Bäume voller Früchte, farbenfrohe exotische Vögel, und alle Tiere lagern friedlich beieinander: Der „Garten" Eden erscheint hier nicht als angelegter Garten, sondern als idealisierte Wildnis.

Neben der prachtvollen Pflanzenwelt zeigen die Paradiesdarstellungen, die uns allen vor Augen stehen, typischerweise auch viele Tiere, wobei Löwe und Lamm einträchtig beieinanderliegen. Dieses Motiv sucht man in der Schöpfungsgeschichte vergeblich. Die Bilder des Paradiesgartens als Ort vollkommenen Friedens, wo Raubtiere zu sanften Weidetieren werden, beziehen sich auf die Verheißungen Jesajas für das Friedensreich des Messias – den neuen Himmel und die neue Erde.

Bis es so weit ist, bleibt uns der Ort der Seligkeit verschlossen. Doch auf Erden lässt sich Trost finden: Etwas vom Paradies schwingt in jedem Garten mit. Wenn wir seine Schönheit und seine Düfte erleben, sein Wachsen und Reifen, dann befällt uns zuweilen ein Gefühl, Gott nahe zu sein und sein Wirken in der Welt zu spüren. Jeder Garten birgt in sich ein winziges Stück vom Garten aller Gärten, dem Garten Eden.

Seht die Vögel unter dem Himmel an: Sie säen nicht, sie ernten nicht, sie sammeln nicht in die Scheunen; und euer himmlischer Vater ernährt sie doch. Seid ihr denn nicht viel kostbarer als sie?

Matthäus 6,26

Saat und Wachstum

Säen und Pflanzen sind Tätigkeiten, die in die Zukunft gerichtet sind. Sie gewinnen ihren Sinn daraus, dass sich etwas entwickelt, dass Neues wächst, dass es eines Tages eine Ernte gibt. Die großen Rhythmen des Himmels und der Erde sind grundlegend in Gottes Schöpfung, und Saat, Wachstum und Ernte gehören dazu. Das Schicksal des Menschen ist darin eingebunden im Auf und Ab des Lebens.

Saat und Ernte sind ein Bild für die gute Ordnung, die Gott für den Menschen vorgesehen hat. Doch kann diese Ordnung auch zum Selbstzweck verkommen: Es ist allzu menschlich, die Grundlagen des Lebens und ihre Sicherung mit dem Leben selbst zu verwechseln. Jesus spricht mahnende Worte: „Seht die Vögel unter dem Himmel ..." – Säen, Ernten und Horten dürfen nicht zur Hauptsache werden, die uns als tägliche Sorge beherrscht. Verantwortungsvolle, gewissenhafte Vorsorge ist gut, aber sie darf sich niemals dem schlichten Gottvertrauen in den Weg stellen: dem Vertrauen darauf, dass wir in so vielen wirklich wichtigen Dingen ernten dürfen, wo wir nicht gesät haben.

Wir alle wissen es, und doch ist es immer wieder unfassbar und faszinierend: Aus winzigen Samen wachsen kräftige Pflanzen heran. Aus einem scheinbar leblosen Korn treibt ein Keimling – eine Wurzel und ein winziger Spross, zarteste Erstlingsblätter, ganz klein und verletzlich. Aber wenn die Pflanze erst einmal Fuß gefasst hat, dann treibt sie in die Höhe und in die Breite, verankert sich tief in der Erde und wird zum Bild für Kraft und Wachstum. Es bleibt ein Wunder.

Das Staunen darüber findet seinen Ausdruck in den Wachstumsgleichnissen, in denen das Reich Gottes mit

Mit dem Reich Gottes ist es so, wie wenn ein Mensch Samen aufs Land wirft und schläft und steht auf, Nacht und Tag; und der Same geht auf und wächst – er weiß nicht wie.

Markus 4,26.27

einer aufgehenden Saat verglichen wird. Es geschieht, der Mensch „weiß nicht wie“. Wie das Wachstum aus der Saat, so lässt sich auch das Reich Gottes nicht antreiben und erzwingen. Der Mensch tut das Seine, der Rest ist hoffnungsvolles, vertrauendes Warten.

Was für ein bescheidenes Bild für das Größte, was dem Menschen verheißen ist: Das Himmelreich gleicht einem Senfkorn … Zart sind die Anfänge des Gottesreiches auf Erden. In nichts ähneln sie den gängigen Vorstellungen von Macht und Herrschaft. Aber ganz im Kleinen und Stillen nimmt es Kraft auf – und plötzlich ist es da. Plötzlich für die, denen der Blick für die zarten Anfänge fehlte, für die Menschen mit dem eiligen Schritt und den Augen am Horizont.

Anders geht es den Gärtnern. Sie säen, gießen und hacken geduldig und stillvergnügt vor sich hin, denn sie wissen: Es wird wachsen!

Die Klostergärten des Mittelalters spielten eine bedeutende Rolle für die Entwicklung der Gartenkultur. Über große Distanzen hinweg tauschten die Klöster ihr Wissen, aber auch Saatgut und Pflanzen aus. Südeuropäische Arten gelangten so in den Norden, wo sie im Schutz der besonnten Klostermauern gediehen, wie etwa Fenchel, Dill und Liebstöckel.

Warum sorgt ihr euch um die Kleidung? Schaut die Lilien auf dem Feld an, wie sie wachsen: Sie arbeiten nicht, auch spinnen sie nicht. Ich sage euch, dass auch Salomo in aller seiner Herrlichkeit nicht gekleidet gewesen ist wie eine von ihnen.

Matthäus 6,28.29

Blumen und Blüten

Wenn in der Bibel von Blumen die Rede ist, dann sind es in der Regel die „Blumen auf dem Felde“, wild gewachsene Schönheiten also – nicht gepflanzt oder gesät, aber doch schöner anzusehen als selbst die Gewänder Salomos, des prunkvollsten Königs von Israel!
Gerade dass der Mensch an all dem prächtigen Blütenflor nicht aktiv beteiligt ist, gibt diesem Bild seine besondere Kraft. Alles Menschenwerk kommt da nicht mit. Womit nicht etwa Arbeit und Kunst entwertet werden. Im Jesuswort von den Lilien auf dem Felde steckt vielmehr der Kern der Botschaft im ersten Satz: „Warum sorgt ihr euch ...?“ Es ist der Aufruf, einfach die Hände bzw. die Augen zu öffnen und sich beschenken zu lassen. Nicht umsonst steht dieses Bibelwort kurz hinter der berühmten Zeile: „Ihr könnt nicht Gott dienen

Das Leben steht in Blüte.
Vielstimmig klingt sein Ruf.
Wir bitten Gottes Güte,
dass er die Welt behüte,
die er für uns erschuf.

Die Kinder und die Alten,
der Jahre Gang und Flucht –
in allem Gottes Walten,
mächtiges Umgestalten:
die Blüten werden Frucht.

Die Menschentage enden,
die Treue Gottes nicht.
Wir stehn mit leeren Händen.
Doch wenn den Blick wir wenden,
stehn wir im Blütenlicht,
im ewigen Blütenlicht.

Klaus-Peter Hertzsch

und dem Mammon“! Eine gute Portion Gottvertrauen ist überaus entlastend. Die Schönheit der Blumen kann uns täglich daran erinnern.

Die Blumen sind aber auch ein Symbol für Vergänglichkeit. Alles Schöne ist flüchtig, ob Blume oder Mensch oder strahlender Sommermorgen. Keine Frage, all dies sind wundervolle Geschenke, aus denen wir Freude schöpfen sollen und dürfen. Aber darüber darf die Frage nicht vergessen werden: Was bleibt, wenn die Schönheit vergeht? – Was bleibt, ist die Hoffnung auf das heil machende Wort, den tiefen Sinn, den letzten Halt. Die Freude, die bleibt, finden wir erst in der Welt, die kommt.

Das Gras verdorrt, die Blume verwelkt, aber das Wort unseres Gottes bleibt ewiglich.

Jesaja 40,8

Auch die Menschen zu biblischer Zeit liebten Süßes. Besonders oft genannt werden Feigen, Datteln, Granatäpfel und Weintrauben. Daraus hergestellt wurden Wein (aus Trauben und Granatäpfeln), Trockenfrüchte und Sirup, oder die Früchte wurden in Kuchen verbacken.

Die Frucht

Wenn wir köstliche, saftige Früchte essen, dann ist das weniger eine Notwendigkeit wie das tägliche Brot, sondern es ist ein Urbild von Lebenslust und Lebensfreude, von dem gewissen Drüberhinaus: leben, nicht nur überleben. So lockt auch das Gelobte Land nach langer Wüstenwanderung mit sehr irdischen Freuden: mit saftigen, süßen Früchten in Fülle.

Ungestört seine Früchte ziehen, ernten und genießen zu können, ist gleichbedeutend mit Frieden und Wohlstand, überhaupt für gutes Leben. Unter König Salomo erlebt Israel eine solche goldene Zeit, „jeder unter seinem Weinstock und unter seinem Feigenbaum“, wie es in 1. Könige 5,5 heißt – gerade dies Früchte, die für Lebensgenuss stehen, für Wein und süßen Feigenkuchen. Dasselbe schöne Bild verwendet auch der Prophet Sa-

Zu derselben Zeit, spricht der Herr Zebaoth, wird einer den andern einladen unter den Weinstock und unter den Feigenbaum. ***Sacharja 3,10***

charja in der vierten endzeitlichen Vision. Und mehr noch: Zur Zeit der Erlösung wird „einer den andern einladen". Das Sein in Gottes Nähe ist ein Gartenfest.

In vielen Beispielen begegnen uns die „Früchte des Tuns". Das Menschenleben wird angesehen wie ein Baum oder eine Weinrebe: Das Gedeihen – das gelingende und gottgefällige Leben – erweist sich an den guten Früchten; dies gilt für das Alte wie für das Neue Testament.

Der berühmte Satz „An ihren Früchten sollt ihr sie erkennen" bezieht sich im Matthäus-Evangelium auf die „falschen Propheten". Wie unterscheidet man die ech-

Die Frucht des Lichts ist lauter Güte und Gerechtigkeit und Wahrheit.

Epheser 5,9

ten von den falschen? An den Früchten ihres Tuns – bzw. deren Ausbleiben. Die gute Frucht, das ist der erkennbar in die Tat umgesetzte Gotteswille.

Auch die Wirkungen der Frohen Botschaft auf den Menschen werden gern als Früchte bezeichnet. Ein sehr einleuchtendes Bild, wenn die Botschaft – „der Geist", „das Licht" – im Menschen etwas zum Wachsen und Reifen bringt. Sie bleibt nicht im Dunkeln, sondern sie bewirkt eine Veränderung an diesem Menschen: die „guten Werke", das „gottgefällige Leben" oder schlicht ein menschenfreundliches Verhalten – kurzum: Es „fällt etwas ab" für andere, für den Nächsten.

(Er:)
Ein verschlossener Garten bist du, …
ein versiegelter Born.
Du bist wie ein Lustgarten von Granatäpfeln
mit edlen Früchten, Zyperblumen mit Narden,
Narde und Safran, Kalmus und Zimt, …
mit allen feinen Gewürzen.
Ein Gartenbrunnen bist du,
ein Born lebendiger Wasser,
die vom Libanon fließen.

(Sie:)
Steh auf, Nordwind,
und komm, Südwind,
und wehe durch meinen Garten,
dass der Duft
seiner Gewürze ströme!
Mein Freund komme
in seinen Garten
und esse
von seinen edlen Früchten.

Hoheslied 4,12-16

Garben und Früchte, Gemüse und Blumen – der liebevoll geschmückte Erntedankaltar vermittelt die Freude an der Fülle der Gottesgaben. Wenn Essbares später an Einrichtungen für Bedürftige verteilt wird, kommt der urbiblische Zusammenhang von Danken und Teilen ganz unmittelbar zum Ausdruck.

Die Ernte

Hobbygärtner wissen, dass Ernten sehr wohl Arbeit ist, wenn auch eine sehr befriedigende. Es ist der Lohn der Mühen im Garten. Auf einem anderen Blatt steht allerdings, was mit all den Schätzen anschließend geschehen soll. Nicht wenige wissen vor lauter Pflaumen, Tomaten oder Zucchini kaum mehr, wohin. Dies allerdings ist ein Problem, das die Altvorderen nicht kannten. Eine reiche Ernte war gleichbedeutend mit Zukunft und Leben, mit Glück und Segen – und ein Grund zum Feiern nach getaner Arbeit. Schon zur Zeit des Alten Testaments wurden nach uralter Sitte die „Erstlinge" des Jahres zum Altar des Herrn gebracht, und bis heute begeht man im Judentum das Wochen- und das Laubhüttenfest.

Im christlichen Europa haben heidnische Bräuche, wie Erntekranz und Fruchtsäule, in das Erntedankfest Eingang gefunden und geben ihm einen fröhlich-volkstümlichen Charakter. Selten kommen sich Kirche und Welt so zwanglos nah wie hier. Das Anliegen dieses Festes ist – im Gegensatz zu manch anderem christlichen Festtag – nicht erklärungsbedürftig. Denn auch kirchenfernen Gemütern erscheint es immer wieder wie ein Wunder, wenn aus dem Boden Pflanzen wachsen und Früchte bringen, vor allem wenn sie dieses Wunder im eigenen Garten miterleben können.

Für Jesus auf seinem Weg durchs Heilige Land sind die Menschen, die seine Frohe Botschaft annehmen, die Ernte seines Tuns. Und je größer das Elend und die Verzweiflung im Lande, desto größer die Ernte – so groß, dass Jesus allein sie nicht mehr bewältigt, sondern seine Jünger aussendet.

Aber sind die denn überhaupt qualifiziert als Erntehelfer? Die Evangelien sind voller Geschichten von Bege-

Da sprach er zu seinen Jüngern: Die Ernte ist groß, aber wenige sind der Arbeiter. Darum bittet den Herrn der Ernte, dass er Arbeiter in seine Ernte sende. ***Matthäus 9,37.38***

benheiten, bei denen Jesus seinen Jüngern bescheinigen muss, dass sie noch immer nichts verstanden haben: „Ihr Kleingläubigen …"! Aber er verleiht ihnen die Macht, die sie aus sich selbst heraus nicht haben. „Wenige sind der Arbeiter" – diese hier müssen gut genug sein. Ein tröstlicher Gedanke für alle, die sich im irdischen Gottesgarten vor eine Aufgabe – groß oder klein – gestellt sehen. Und wenn der Herr der Ernte Verstärkung schickt, nicht vergessen: Seine Ansprüche ans Personal sind womöglich geringer oder zumindest anders, als wir es erwarten.

***Ich werde bleiben wie ein grünender Öl-
baum im Hause Gottes; ich verlasse mich
auf Gottes Güte immer und ewig.***

Psalm 52,10

Der Baum

Bäume, die Essbares liefern, sind naturgemäß im Garten besonders beliebt. Und auch in der Bibel spielen sie die Hauptrolle: Olivenbaum und Feige, Granatapfelbaum und Dattelpalme. Aber auch Zedern, Eichen und Zypressen werden oft erwähnt.

Der Baum gilt als Mittler zwischen Himmel und Erde. Hoch gewachsen, tief verwurzelt, mit einem Stamm wie eine Säule und älter als ein Menschenleben, ist er ein kraftvolles Symbol in vielen Kulturen und Mythologien – so auch in der Bibel.

Bäume stehen am Anfang und am Ende. Als Adam und Eva die verbotenen Früchte vom Baum der Erkenntnis essen, führt das zum Bruch zwischen Gott und seinen Menschen. Im neuen Jerusalem am Schluss des Offenbarungsbuches stehen die Bäume des Lebens. Sie tragen Blätter mit heilender Wirkung und tragen das ganze Jahr über Früchte – eine Verheißung für kommende Seligkeit, die den paradiesischen Anfängen wieder ganz nahekommt.

Dazwischen steht als entscheidender Wendepunkt in der Menschheitsgeschichte das Kreuz, das aufragt wie ein Baum. Seit ehedem wird es auch als Baum des Lebens gesehen. So gibt es Darstellungen des Kreuzes als lebender Baum mit Blättern, Ranken und Blüten.

Der gedeihende Baum ist auch ein Bild für das gute Menschenleben, so wie in dem bekannten Wort vom

Und er zeigte mir … Bäume des Lebens, die tragen zwölfmal Früchte, jeden Monat bringen sie ihre Frucht, und die Blätter der Bäume dienen zur Heilung der Völker.

Offenbarung 22,1.2

Gewölbeschlussstein in der Kathedrale Sainte-Cécile in Albi, Südfrankreich (erbaut 1282–1390). Zwei Engel halten ein Kruzifix mit Blättern: das Kreuz als Baum des Lebens – als Symbol der Hoffnung.

Gesegnet ist der Mann, der sich auf den Herrn verlässt und dessen Zuversicht der Herr ist. Der ist wie ein Baum, am Wasser gepflanzt, der seine Wurzeln zum Bach hin streckt.

Jeremia 17,7.8

Baum am Wasser: Wer Gott und Glauben als Lebensquelle hat, zu der er sich „hin streckt", dem wird es an nichts fehlen. Heiße und dürre Zeiten können ihm nichts anhaben, er bleibt gelassen, und mehr noch: Er trägt immerzu Früchte, auch unter widrigsten Bedingungen. Er erhält sich also nicht nur mühelos selbst, sondern kann sich auch noch verschenken. Ein wohltuendes Bild, wie geschaffen für all die stressgeplagten, ausgelaugten Menschen der modernen Zeiten. Wer an einem heißen Tag im Garten oder Park im Schatten eines Baumes sitzt, kann es nachempfinden. Es ist, als ob der Baum etwas von der feuchten Kühle der Erde in die sonnendurchglühte Oberwelt bringen könnte, denn er hat Zugang zu unerschöpflichen Tiefen. Wenn wir an das Bibelwort denken, dann heißen die Wurzeln eines solchen Baumes: Vertrauen und Zuversicht auf Gott. Und der Segen fällt von seinen Zweigen.

Geh aus, mein Herz, und suche Freud
in dieser lieben Sommerzeit
an deines Gottes Gaben;
schau an der schönen Gärten Zier
und siehe, wie sie mir und dir
sich ausgeschmücket haben.

Hilf mir und segne meinen Geist
mit Segen, der vom Himmel fleußt,
dass ich dir stetig blühe;
gib, dass der Sommer deiner Gnad
in meiner Seele früh und spat
viel Glaubensfrüchte ziehe.

Mach in mir deinem Geiste Raum,
dass ich dir werd ein guter Baum,
und lass mich Wurzel treiben.
Verleihe, dass zu deinem Ruhm
ich deines Gartens schöne Blum
und Pflanze möge bleiben.

Paul Gerhardt 1653
EG 503, Strophen 1, 13, 14

Der Weingarten

Wer im heimischen Garten eine Rebe am Haus oder an einer Pergola heranzieht, hat eine lebhafte Vorstellung davon, dass dieses Gewächs viel Aufmerksamkeit verlangt. Einerseits muss man es hegen, pflegen und düngen, damit es gut gedeiht, andererseits aber auch emsig schneiden, damit nicht nur Blattranken wuchern, sondern auch Früchte reifen.

Auch der professionelle Winzer draußen im Weinberg muss sich mehrmals im Jahr jeder einzelnen Pflanze zuwenden – schneiden, binden, ausdünnen, auf Krankheiten prüfen, die Entwicklung der Trauben beobachten und schließlich im richtigen Moment ernten. Dadurch entsteht ein fast persönliches Verhältnis zwischen ihm und seinen Reben. Kein Wunder also, dass gerade Weingärtner und Reben zum Symbol für Gott und Menschen

Lieblicher Weinberg, singet von ihm! Ich, der Herr, behüte ihn und begieße ihn immer wieder. Damit man ihn nicht verderbe, will ich ihn Tag und Nacht behüten. *Jesaja 27,2.3*

geworden sind. Das Volk Israel als Weinberg Gottes, die Gleichnisse von den „Arbeitern im Weinberg" und den „bösen Weingärtnern" …

Ein besonders schönes Rebenbild findet sich im Johannes-Evangelium: Das Bild von Jesus als dem Weinstock, der die Gemeinde – die Reben – trägt und nährt. Der knorrige, holzige Rebstock ist das, was bleibt. Die Reben kommen und gehen. Und doch sind sie es, die die Früchte tragen.

Jesus ist der „wahre" Weinstock, der makellose – genau so, wie Gottvater, der Weingärtner, ihn sich wünscht.

Gegenüber der alttestamentlichen Vorstellung bildet er eine neue Instanz, ein Zwischenglied zwischen dem strengen Weingärtner und den unvollkommenen Reben mit ihrer fatalen Neigung, davonzuwuchern, statt Früchte zu tragen. Den Reben bietet sich damit eine ausgesprochen lebensfreundliche Ausgangslage: Statt sich im steinigen Boden zu verkämpfen, haben sie eine feste Basis im Rebstock, der unerschütterlich und fest verwurzelt steht und bereithält, was sie zum Wachsen, Blühen und Fruchten brauchen. Aus dem Rebstock strömt pure Lebenskraft, die Reben können frei dem Licht zu wachsen, solange sie nur die Verbindung halten.

Wie diese Verbindung für jede und jeden von uns konkret aussieht, ist weit gefasst – ob Gottesdienst oder stilles Gebet, Meditation, Gesprächskreis oder die schlichte Frage: Sind es Früchte der Liebe, die ich bringe? Lebenswichtig ist allein die alltägliche Frage: Bin ich noch „dran"?

Wie die Rebe keine Frucht bringen kann aus sich selbst, wenn sie nicht am Weinstock bleibt, so auch ihr nicht, wenn ihr nicht an mir bleibt. Ich bin der Weinstock, ihr seid die Reben.

Johannes 15,4.5

Der Garten Gethsemane

Am Ende des Weges Jesu auf der Erde spielen Gärten eine auffallend große Rolle. Es beginnt im Garten Gethsemane bei Jerusalem. Ein vertrauter Ort für Jesus und seine Jünger. Hierher ist er oft mit ihnen gegangen. Hier wird er sich schließlich von ihnen trennen. In einsamer Verzweiflung betet er zu Gottvater – die Jünger sind eingeschlafen. Der Geist ist willig, aber das Fleisch ist schwach.

Dann kommt man ihn holen, „mit Schwertern und mit Stangen", wie einen Verbrecher. Täglich hätte man ihn im Tempel verhaften können. Stattdessen ergreift man ihn hier, an diesem einsamen Ort, bei Nacht und Nebel. Ein allzu bekanntes Schicksal derer, die von den Machthabern beiseitegeschafft werden sollen: Man holt sie heimlich, im Dunkeln.

Die zutiefst menschliche Szene, als Jesus im Garten Gethsemane betet, hat die Menschen von jeher tief berührt. Häufig wurde sie in Ölberggruppen dargestellt, hier an der katholischen Pfarrkirche St. Wenzeslaus in Litzendorf, Oberfranken. Während Jesus verzweifelt betet, liegen die Jünger in tiefem Schlummer; von der Stadt rechts oben her nähern sich schon die Soldaten.

Es war aber an der Stätte, wo er gekreuzigt wurde, ein Garten und im Garten ein neues Grab, in das noch nie jemand gelegt worden war. Dahin legten sie Jesus.

Johannes 19,41.42

Eigentlich ein Ort der Geborgenheit, Gemeinschaft, Gottesnähe, wird dieser Garten für Jesus zum Schicksalsort, an dem sein schwerer Weg beginnt. Er hätte sich verstecken können, davonlaufen, untertauchen, wenigstens zur Wehr setzen. Doch nein, er geht seinen Weg konsequent weiter, er lässt sich nicht davon abbringen – bis zum bitteren Ende.
Nach der Kreuzigung findet Jesus sein Grab in einem Garten. Dies mag Bezug nehmen auf die Sitte aus alter Zeit, das Grabmal des Königs in seinem Garten zu errichten. Es sagt uns aber noch mehr: In jedem Garten schwingt eine Ahnung vom Garten Eden mit. Fruchtbarkeit, Werden und Wachsen – alles, was wir eben nicht mit dem Tod verbinden.
Auch unsere Friedhöfe bieten eine trostreiche Umgebung, wenn das Leben um die Gräber herum grünt und blüht. Wie es schon immer war, im Wandel der Jahres-

zeiten, und immer bleiben wird. Ein Kommen und Gehen. Und Wiederkommen.

Als Maria von Magdala am Grab auf Jesus trifft, hält sie ihn für den Gärtner. Ein Gedanke, so ganz von dieser Welt: Wer sonst hätte hier etwas verloren, in diesem einsamen Garten? In ebenso verzweifelter wie sinnloser Hoffnung fragt sie den Fremden: „Hast du ihn weggetragen?" Da gibt sich Jesus zu erkennen: Er ist da, in unserer Welt, in diesem Garten, und doch nicht greifbar: „Rühre mich nicht an" – auf Lateinisch „Noli me tangere".

In vielen Bildern wurde dieser Moment wiedergegeben, und nicht selten hält Jesus dabei einen Spaten in der Hand. Es mag uns kurios erscheinen: Ein so profanes Gerät in der Hand des Auferstandenen. Aber das Bild erzählt eine Geschichte von Hoffnung und von Zukunft, die in die Hand genommen werden will: Arbeiten in der Erde, auf Erden – und Großes wird wachsen.

Jan Bruegel d. J. (Landschaft, Pflanzen, Tiere) und Hendrick van Balen (Figuren), „Noli me tangere", ca. 1620/30 (Ausschnitt). Die Szene wird bildhaft, nicht realistisch nacherzählt: Jesus hält einen Spaten in der Hand. In der bäuerlich geprägten Vergangenheit muss dieses Motiv die Menschen besonders angesprochen haben. Der Garten, in dem sich die Begegnung ereignet, ist ein freundlicher, heiterer Ort voll kraftvoller Farben.

Die Autorin
Astrid Meinbrok, geboren 1958 in Detmold, nach dem Studium der Landespflege und Biologie Berufstätigkeit für verschiedene Verlage in den Fachgebieten Natur, Garten, Kulinarik, Theologie. Langjährig ehrenamtlich engagiert in der evangelischen Erwachsenenbildung, Schwerpunkt Bibelarbeit.

Textnachweis
Seite 18: Klaus-Peter Hertzsch, Das Leben steht in Blüte,
© mit freundlicher Genehmigung des Autors.

Die Bibelzitate sind entnommen aus: Lutherbibel, revidierter Text 2017. © 2016 Deutsche Bibelgesellschaft, Stuttgart.

Bildnachweis
Titel: © amenic181/Fotolia.com; **Seite 4:** © Klaus Stölting; **Seite 7:** © yspbqh14/Fotolia.com; **Seite 10:** © iStockphoto.com/Andrew Howe; **Seite 13:** © noppharat/Fotolia.com; **Seite 15:** © Sternstunden/Fotolia.com; **Seite 16:** © K.-U. Häßler/Fotolia.com; **Seite 18:** © Kathleen Rekowski/Fotolia.com; **Seite 20:** © Rainer Sturm/pixelio; **Seite 24/25:** © iStockphoto.com/Mordolff; **Seite 26:** © Eva Platz; **Seite 33:** © akg-images/Michel Escourbiac; **Seite 34:** © spuno/Fotolia.com; **Seite 36:** © Ralf Kabelitz/Fotolia.com; **Seite 41:** © Rostislav Sedlacek/Fotolia.com; **Seite 44:** © ma_photo/Fotolia.com; **Seite 47:** © IAM/akg-images

AGENTUR
DES RAUHEN HAUSES
SEIT 1842

www.agentur-rauhes-haus.de

Satz und Gestaltung: Anne Kuhn, Ludwigsburg
Gedruckt in Deutschland

Quadro

Kartonierte Ausgabe: ISBN 978 3 7600 0928-5 • Best.-Nr. 1 0928-5
Gebundene Ausgabe: ISBN 978 3 7600 1929-1 • Best.-Nr. 1 1929-1